Alberto
GIACOMET

Je fais certainement de la peinture

FONDATION-
GIACOMETTI

hermann
Depuis 1876

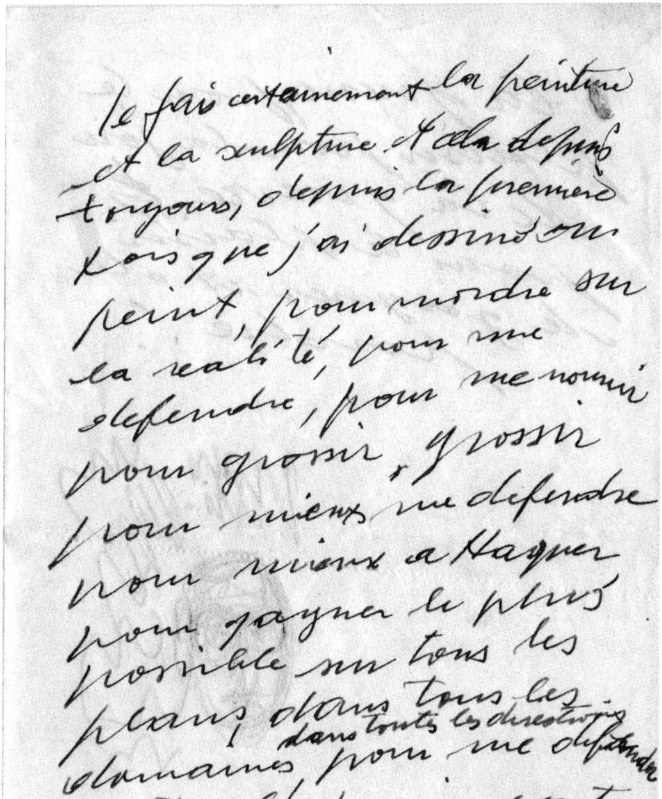
Je fais certainement la peinture
et la sculpture et cela depuis
toujours, depuis la première
fois que j'ai dessiné ou
peint, pour mordre sur
la réalité, pour me
défendre, pour me nourrir
pour grossir, grossir
pour mieux me défendre
pour mieux attaquer
pour gagner le plus
possible sur tous les
plans, dans tous les
domaines, dans toutes les directions pour me défendre
contre la famine, contre
le froid contre la mort
pour être le plus libre
possible, le plus libre

1901
Fils du peintre Giovanni Giacometti, meilleure représentant de l'impressionnisme en Suisse (...)

jusqu'en 1915
S'initie aux Arts par l'exemple de son père et par les livres, albums et publications qu'il trouve dans le bureau de celui-ci. S'intéresse surtout aux grands peintres qui sont en même temps de grands dessinateurs ; notamment Dürer, ~~Rubens~~ et Rembrandt.

1913
peint son premier tableau, des « pommes »

extrait de «Dates biographiques» , tapuscrit préparatoire pour l'Autobiographie publiée dans l'ouvrage de Jacques Dupin, Alberto Giacometti, éditions Maeght, 1962.

Si j'avais un conseil à donner à un jeune peintre, je lui dirais de commencer par copier une pomme.

Rinascita, n°8, 23 juin 1962
(traduit de l'italien)

Fragments d'un journal

Entretien avec Gotthard Jedlicka

30 mars 1953

Lorsque Alberto Giacometti parle de son père, ce qui lui arrive souvent, je réalise à quel point il ressent de la gratitude à son égard. « **Mon père était très, très, très gentil** », dit-il – tout en mettant l'accent sur le « **très** » comme s'il voulait mettre un point final mais provisoire. « Dès l'adolescence, mon père nous laissa libre de faire ce que nous voulions. Il nous donnait un conseil lorsque nous le lui demandions, mais une fois celui-ci prodigué, il en restait là. Il ne m'avait pas forcé à aller à Schiers, mais selon lui, je devais essayer d'y trouver ma voie. À l'époque, je ne savais pas quel métier choisir : sculpteur ou peintre, voire chimiste. À Schiers, j'ai pu aménager un petit atelier, équipé de tous les ustensiles nécessaires au travail d'un sculpteur ou d'un peintre et c'est là que je passais tout mon temps libre. Les professeurs ainsi que les élèves me laissaient faire. Après avoir réussi la première partie de mes examens, j'ai demandé à mon père de m'accorder un congé de trois mois afin de pouvoir réfléchir à mon avenir. À l'époque, je me prenais vraiment au sérieux ! Mon père et mes professeurs acceptèrent mon choix comme s'il s'agissait de la chose la plus naturelle du monde. On avait juste convenu de la date de mon retour : sans passer l'examen de fin d'année. Mais une fois les trois mois sabbatiques épuisés, je ne ressentais point l'envie de retourner à Schiers. Est-ce que ne pas y retourner était vraiment la bonne décision ? Je l'ignore. Mon père n'y faisait pas obstacle et il me disait que ma mère ne s'y opposait pas non plus, car après tout, elle avait épousé un peintre. « Tu veux devenir peintre ? » me demanda mon père. « Peintre ou sculpteur », lui répondis-je. Il me donna le conseil de tenter ma chance à l'École des Beaux-Arts de Genève – conseil que je suivis : j'y restai trois jours. Peu de temps après, je l'accompagnai à la Biennale de Venise, et par la suite, il pensa que ce serait peut-être bien maintenant d'aller à Paris pour travailler dans une Académie libre comme il l'avait fait dans sa jeunesse, à la Grande Chaumière ; pour y dessiner et y peindre : ce que je ne voulais pas d'abord, mais comme mon père n'insistait pas, je me décidai à le faire. Quand il me rendit visite, l'un des premiers jours, il m'accompagne à la Grande Chaumière, s'assit parmi les étudiants et se mit à dessiner et à peindre : il avait envie, comme il disait, de rester à Paris pour tout recommencer. « **Oh mon père était très, très gentil**. » Et, au bout d'un moment de silence : « **très !** »

1er avril 1953

Alberto Giacometti à propos de Matisse : « En novembre, l'an dernier, j'ai rencontré Matisse à plusieurs reprises. Je me trouvai chez Tériade, dans sa maison à Cap Ferrat. Matisse nous rendait visite presque tous les après-midi, il se faisait accompagner en voiture. Par amitié pour Tériade, il lui proposa de réaliser une baie vitrée dans l'une des pièces de la maison. Par amitié ? Aussi, parce qu'il ne pouvait se sentir bien dans un environnement que s'il y était représenté par une ou plusieurs de ses œuvres. Et il se mit aussitôt au travail en déployant une énergie incroyable ! Sur ces entrefaites, il expliqua que la pièce devrait être également ornée de mosaïques pour que la fenêtre soit mise en valeur. Il attaqua cette tâche avec tout autant de passion. Malgré sa maladie, qui en aurait paralysé bien d'autres, il ne pensait qu'à son travail. Il était doté d'une mémoire extraordinaire. Il nous parlait sans cesse de sa jeunesse et tout particulièrement des conversations entre lui et son père, en mimant les dialogues ; il imitait la voix de son père lorsque celui-ci prenait la parole si bien que la conversation entre le père et le fils se déroulait devant nous avec une vivacité inouïe. Et c'est ainsi qu'il relatait également les conversations entre sa mère et son père – avec une telle émotion que soudain, il se mettait à pleurer. « **Tiens** », « **ça y est : je suis devenu gaga !** » disait-il d'une voix changée, sobre : il était étonné par lui-même, légèrement dégoûté. »

***

Parmi les dessins, rangés dans de grandes chemises usées, couvertes de poussière de plâtre, que nous feuilletons ensemble, lui plus hâtivement que moi, se trouvent de nombreuses copies : des dessins à la plume et au crayon de formats et de matières de papier différents, en partie sur des feuilles de papier à lettres, mais aussi des œuvres d'art européennes, surtout de la peinture européenne. Nous sommes à la recherche du dessin d'un paysage urbain parisien qui pourrait être reproduit dans mon « Journal parisien » dont la publication est prévue par l'édition Suhrkamp à l'automne prochain. Mais il nous est impossible de trouver ce feuillet même si Alberto Giacometti affirme qu'au moins un des dessins de ce paysage se trouverait dans une des chemises. À plusieurs reprises cependant, nous mettons la main sur diverses copies. Je fais remarquer à Giacometti combien je suis surpris et heureux. La copie d'après les grands maîtres n'est plus à la mode chez les artistes de sa génération. Croit-il devoir s'excuser auprès de moi d'aimer travailler de cette manière ?

« Je n'y suis pour rien », *me dit-il*, « quel que soit l'endroit où je me trouve, lorsque je vois quelque chose qui me fait une forte impression, je ressens le besoin d'en capturer l'image dans la durée, et cela m'incite donc à en réaliser une copie. La copie est-elle autre chose que la tentative d'extraire le plus possible de la rencontre avec une œuvre d'art ? Je suis convaincu que la copie d'un chef-d'œuvre est la meilleure école qui soit pour tout artiste qui décide d'en réaliser. De tout temps, les grands artistes en furent conscients : Michel Ange réalisa des copies d'après Giotto et Masaccio, Rubens d'après Titien, Ingres d'après Raphaël, et plus tard, Delacroix d'après Rubens et Rembrandt, Manet d'après Delacroix, et Matisse d'après Chardin et ainsi de suite. »

« En effet, il n'y a pas mieux que la copie pour comprendre qu'il s'est toujours agi, et qu'il s'agira toujours de la même chose : l'art. Et on découvre et on apprend l'art à travers l'art. Bien entendu, je ne réalise pas toujours des copies de l'œuvre entière ; bien souvent, je capture la partie de l'œuvre qui me parle le plus. Regardez ce paysage ! N'est-il pas le paysage cubiste le plus magnifique qui soit ? Ne pensez-vous pas qu'il contient tout ce qu'une peinture abstraite est susceptible de contenir ? J'ai effectué la copie de ce paysage d'après un tableau de Jan Van Eyck – et ce n'est qu'en le copiant que j'ai réalisé à quel point il était moderne ! » *Par la suite, il me montre également d'autres copies, certaines sont d'après Giotto, d'autres d'après son entourage proche, à savoir un autoportrait de son père. Ces copies m'aident à réaliser qu'il s'inspire d'une riche tradition, elles sont la preuve de sa curiosité et de son intelligence artistique.*

***

Peu avant qu'Alberto Giacometti ne s'apprête à dessiner mon portrait, la première difficulté se présente. Il est bien en possession d'un crayon (et pour le moment, il n'en a qu'un seul), mais celui-ci est émoussé, et il n'a pas de couteau pour le tailler.

– *Vous n'avez pas de couteau ?*

– Mais si, bien sûr que j'ai plusieurs couteaux différents ! *proteste-t-il.*

Et je les ai tous achetés pour cette occasion ! Mais depuis, je les ai utilisés pour mes sculptures, pour le plâtre, pour l'argile – ce qui les émousse rapidement – si bien que je ne peux plus les utiliser pour tailler mes crayons.

Je prends vite conscience du fait qu'il est impossible de lui donner un conseil, comme celui de mettre de côté un couteau qui servira uniquement à tailler les crayons ou encore d'acheter un taille-crayon. Pour le dessin de ce portrait-ci, il utilise des feuilles tout particulièrement grandes. Peu de temps après avoir commencé le premier dessin, il dit :

– Cela ne va pas ! Je suis assis trop près de vous. Je ne vois rien du tout !

D'un regard pénétrant, il mesure la distance entre lui et moi. Il est assis, je suis assis, et il est en train de réfléchir à comment agrandir la distance entre nous deux. Il est tellement concentré sur sa réflexion que les rides et ridules de son visage s'approfondissent. Il y a deux solutions : soit c'est à moi de me lever et à lui de me placer ailleurs ou bien c'est à lui de se lever et de choisir un autre endroit pour s'asseoir. Quelle que soit la solution, les deux lui semblent tout aussi pénibles, et au final, il abandonne.

– Je souhaite tout de même aller aussi loin que possible.

Sans interrompre son dessin, il remarque :

– C'est étrange ! Je vous connais pourtant ; je me souviens même du chapeau que vous portiez il y a trente ans ; je vais le dessiner encore une fois ! Lorsque je vous vois avancer vers moi dans la rue, même de loin, vous me paraissez familier, à cause de votre démarche, de votre allure, de votre visage ; grâce à cela, j'ai l'impression que je pourrais vous dessiner de mémoire, sans aucune difficulté. Mais maintenant, que vous êtes assis devant moi, vous m'apparaissez étranger, carrément inquiétant !

Pendant un moment, sa main glisse sur le papier comme si elle n'avait rien à y faire ; il ne me prête pas la moindre attention.

– J'ai du mal à imaginer que j'aie pu vous connaître.

Il me scrute d'une manière telle que j'ai l'impression qu'il essaye de m'extirper de moi-même, et avec ses dents jaunâtres, légèrement espacées, il se mord violemment la peau entre la lèvre inférieure et le menton.

Je regrette d'avoir eu la faiblesse d'accepter de faire votre portrait !

Il continue à dessiner, sans presque jamais lever le crayon

de la feuille.
C'est tout autre chose lorsqu'il s'agit de mon frère Diego ! Cela fait des années qu'il pose pour moi, dès que je le souhaite et aussi souvent que je le souhaite, qu'il s'agisse d'un buste, d'un portrait ou d'un dessin ; aussi je commence à me retrouver dans son visage ! Mais qu'est-ce que je raconte ! Me retrouver ?! Même lorsque c'est lui qui pose pour moi, ça ne se passe pas autrement avec lui. Lorsque je sculpte, peins ou dessine, je l'ai toujours en tête.
Tout en me regardant dans les yeux, sa main, le crayon entre les doigts, continue à glisser sur le papier, sans que ses yeux ne suivent sa main ; le crayon gratte le papier.

– Peindre des portraits est une chose terriblement compliquée ! »
(il oublie qu'il a l'habitude de trouver chaque tâche, dans le domaine des arts plastiques, terriblement compliquée).
Poliment, j'acquiesce :

– Oui.

– C'est compliqué en outre, parce que n'importe qui – et on peut facilement devenir « n'importe qui » – décide de peindre ou de dessiner un portrait « ressemblant ». Mon dieu ! « Ressemblance », qu'est-ce que cela veut dire ?
Pour la première fois, il interrompt son travail et scrute d'un air
maussade la pointe de son crayon jaune.

– Le savez-vous ?

– *Non.*

– Alors ?

Il *se ressaisit et continue à dessiner. Lorsqu'il se trouve dans cette humeur, il semble que le fait de parler l'encourage.*

– On devrait dessiner ou peindre le modèle tel que nous le voyons, tout simplement tel que nous le voyons. Simplement ? Elle est justement là, la difficulté ! Le dessiner tel que nous le voyons et non tel que nous le connaissons. Et non comme nous savons à quoi il devrait ressembler, et non plus comme d'autres se souviennent l'avoir vu ! C'est uniquement en oubliant ce que l'on ne voit pas, que l'on peut arriver à la ressemblance essentielle. Lorsque le portrait est vivant, il est forcément ressemblant !

Il se tait, mais très vite son propre silence le rend impatient et pour
l'interrompre, il dit :

– **Quoi ?!**

Je n'ai pas de réponse à sa question et je concentre mon attention sur le fait de ne pas bouger, de rester aussi immobile que possible. (Bien qu'il n'ait pas l'air d'y attacher la moindre importance).

Il n'a donc pas d'autre choix que celui de continuer dans sa réflexion :

– Vous voilà assis ici !

Son trait de crayon devient plus pressant ; il a l'air de vouloir entailler le papier, comme si la forme décisive se cachait derrière.

– À chaque trait de crayon, vous semblez devenir de plus en plus étranger !

Il me le démontre.

– Regardez ! Regardez ! À chaque trait, je vous éloigne de moi ! Mais ce trait, qu'a-t-il à voir avec vous ? Et celui-ci ? Si cela continue, je ne vous verrai plus du tout.

En hochant violemment la tête, il s'arrête à nouveau.

– Maintenant que j'ai commencé à dessiner votre portrait, je me sens suffisamment inspiré pour continuer ! Qu'en dites-vous ? Maintenant, j'ai envie de continuer à vous dessiner, toujours plus encore, justement parce qu'il me paraît impossible d'accomplir cela. À cet instant précis, j'aimerais vous faire poser des mois durant. Vous posez si bien ! Il ne faut pas lâcher cela ! Je vous prie de ne pas me planter là avec mes premiers essais ! Sincèrement, je vous en prie ! Continuons !

Je ne vais pas donner ici un rapport détaillé de tout ce qui s'est déroulé durant ces deux heures. Mais l'épisode suivant me semble tout de même être important. Il fait quatre dessins successivement, et puis, il les jette l'un après l'autre sur le canapé situé près de moi. Après avoir jeté le quatrième dessin sur la pile des trois précédents, il se lève tout en passant la main dans ses cheveux hirsutes.

– Je n'aurais jamais dû commencer ! *me dit-il.*

– On ne devrait jamais commencer quelque chose que l'on est sûr de ne pas pouvoir terminer !

Il se dirige vers le canapé et essaye de mettre les dessins les uns à côté des autres, ce qui n'est pas une mince affaire car le canapé est recouvert d'énormes piles de livres et de magazines.

Je dis :

– Il est impossible de terminer ces dessins autrement qu'en les laissant tels qu'ils sont. Avec une première esquisse – et ici, il s'agit de premières esquisses – vous êtes incapable de rendre ce que vous espérez accomplir par un dernier dessin – comme vous

le prétendez vous-même d'ailleurs !
Sa réponse : une grimace.
Après avoir scruté chaque dessin, l'un après l'autre, de gauche à droite, il hoche à nouveau la tête et il dit :

– Aucun ne vaut quoi que ce soit !

De son index dont l'ongle est incrusté de plâtre, il pointe énergiquement d'abord le premier, puis le deuxième, le troisième et enfin le quatrième dessin, en s'exaltant, d'une voix de plus en plus dure :

– Raté ! Raté ! Raté ! Raté !!

– Peut-être, pour vous, mais pas pour moi. Ces dessins sont vivants, lui dis-je, car c'est ma conviction profonde.

Il les scrute encore une fois, avec davantage de détermination.

– Dans chacun se trouve un début

En rajoutant – comme s'il regrettait ce qu'il venait de dire – d'une
voix encore plus tranchante :

– Mais dans chacun, se trouve un début différent – raison pour laquelle aucun n'ira au-delà de l'autre !

– Chacun a sa raison d'être.

– Si seulement je savais dessiner ! Je ne sais pas dessiner !

Au bout de quelques instants de silence :

– Et c'est justement la raison pour laquelle je continue à dessiner !

Il se tourne vers moi et me regarde droit dans les yeux comme s'il me voyait pour la première fois.

– Lorsque je regarde votre tête, je vois quelque chose qui inspire le sculpteur en moi ! Et

c'est une erreur ! Mon dieu ! Lorsque je m'applique à vous dessiner, votre visage ne devrait pas inspirer le sculpteur en moi, mais le dessinateur – ou le peintre, si vous voulez, mais en aucun cas le sculpteur !
Il empile les feuilles et les met de côté, faces cachées.

– Avez-vous l'intention de revenir cet été ? Si oui, je peindrai votre portrait. Je me sens plus à l'aise avec le pinceau qu'avec le crayon ! Vous verrez ! Je suis déjà perturbé par les difficultés que je vais rencontrer lors de notre prochaine séance !

Le 3 avril 1953

Alberto Giacometti :

– Êtes-vous déjà allé chez Rudier au Vésinet ?

– *Non.*

– Vous avez donc loupé quelque chose ! Dans le grand parc de Rudier, le fondeur, se trouvent des sculptures de Rodin, Maillol, Despiau et Laurens ; ainsi que des bronzes d'autres sculpteurs. C'est un musée magnifique de la sculpture contemporaine. Parmi ces bronzes, le plus beau est un torse de Despiau ! Lorsque je l'ai vu la première fois, d'assez loin, je me suis dit : « tiens, un bronze chinois ! » Par la suite, en me rapprochant, je me suis rendu compte qu'il s'agissait d'une sculpture de Despiau. Elle ressemble tout de même à une sculpture chinoise. On ressent que Despiau, dans son travail, se tient face à un univers entier. Il ne ressent pas le corps féminin comme quelque chose qui, avant lui, a déjà été représenté maintes fois et de maintes manières différentes et qu'il pourrait donc apprendre quelque chose grâce aux représentations anciennes ou contemporaines ; au contraire, il ressent la représentation de la femme comme un terrain vierge auquel il accède pour la première fois de sa vie. Il s'y perd si bien que sa rencontre avec cet univers nouveau se transforme en une aventure, sans qu'il sache jusqu'où elle le mènera. Il l'ignore aussi bien au début qu'à la fin – moment où il devrait pourtant enfin l'avoir compris ! Il ne sait pas encore que ce qui surgit d'entre ses mains représentera par la suite un corps de femme. L'expérience de la perte, dans un univers rempli d'aventures, est conservée de telle manière dans sa sculpture que l'on n'y ressent guère le torse d'un corps féminin mais davantage le morceau d'un univers densifié – un morceau d'univers densifié oui, mais demeurant cependant ouvert à tous les possibles. Il ne s'agit donc pas de quelque chose d'achevé, comme on a l'habitude d'en voir. Comprenez : plus je vieillis, plus il me semble impossible de terminer un travail. Une œuvre achevée est pour moi inimaginable ! Du moins, cela me paraît impossible me concernant. On abandonne quelque chose qui était le fruit d'un jour de travail, incapable de continuer, et puis, on commence quelque chose de nouveau poussé par la contrainte de recommencer.

***

Suite à une longue conversation, voici mes notes :

[Giacometti :] Depuis ma jeunesse, j'ai presque toujours imaginé la sculpture en couleur. Dans notre maison à Maloja se trouvait un buste en plâtre d'après mon père,

modelé par [Niederhausen-] Rodo. La blancheur du buste m'insupportait. Il avait si peu de ressemblance avec mon père ! Un jour, mon père s'étant absenté de la maison un bref moment, je décidai de colorer le buste. Je pris palette et pinceau et me mis aussitôt à l'œuvre : je peignis les yeux en bleu, les cheveux, la moustache et la barbe en rouge, la peau en rose. Et comme j'étais content du résultat ! Selon moi, ce fut seulement à partir de ce moment-là que le buste était achevé et représentait réellement le portrait de mon père. J'étais convaincu que c'était moi qui avais fourni le travail essentiel.

Il riait, et puis son rire se transforma en un sourire qui se figea un long moment sur son visage.

– Et quel fut le commentaire de votre père ?

– Il fut un peu étonné. Il a pu penser que j'avais manqué de respect à l'égard du travail de Rodo, mais il ne m'a fait aucun reproche.

– Oh, il était très gentil.

Et puis, après un moment de réflexion :

– Bien évidemment, ce n'est pas cela que je veux dire lorsque je dis que je vois une sculpture en couleur devant mes yeux. Je ne la vois pas colorée de manière réaliste, plutôt dans des gris, dans une gradation de différents tons de gris…

Gotthard Jedlicka, « Alberto Giacometti, Fragmente aus Tagebüchern » (Fragments d'un journal), Neue Zurcher Zeitung, 5 avril 1964, p. 4 (traduction de Christiana Haack).
Les propos de Giacometti en gras sont en français dans le texte original.

Je fais certainement de la peinture...

Je fais certainement de la peinture et de la sculpture et cela depuis toujours, depuis la première fois que j'ai dessiné ou peint, pour mordre sur la réalité, pour me défendre, pour me nourrir, pour grossir ; grossir pour mieux me défendre, pour mieux attaquer, pour accrocher, pour avancer le plus possible sur tous les plans, dans toutes les directions, pour me défendre contre la faim, contre le froid, contre la mort, pour être le plus libre possible ; le plus libre possible pour tâcher – avec les moyens qui me sont aujourd'hui les plus propres – de mieux voir, de mieux comprendre ce qui m'entoure, de mieux comprendre pour être le plus libre, le plus gros possible, pour dépenser, pour me dépenser le plus possible dans ce que je fais, pour courir mon aventure, pour découvrir de nouveaux mondes, pour faire ma guerre, pour le plaisir ? pour la joie ? de la guerre, pour le plaisir de gagner et de perdre.

Réponse à l'enquête de Pierre Voldboudt « À chacun sa réalité »
in *XXe siècle*, n° 9, juin 1957

Gris,
brun,
noir...

Gris, brun, noir, feuilles, sables, vases ; les grandes fleurs jaunes qui me regardent. Je me vois au milieu des tableaux, les regardant l'un et l'autre, passant du vase à la plage, au blé, à la bicyclette brillante, l'humidité du pré derrière les deux troncs d'arbres au bord de la route. Je sens l'asphalte, la poussière, l'étendue du pré et de la forêt, je suis sur la route passant à côté de cette bicyclette comme abandonnée dans le paysage et puis le banc sous les arbres à l'ombre fraîche. Je vois tout le jardin, je suis dans le jardin, j'entends les pas sur le gravier, les voix des autres qui sont là avec moi qui vont et viennent, et, là-bas, il y a ce banc dans l'ombre fraîche qui m'attire.

Je regarde les fleurs. Il y a de vraies fleurs à côté du tableau, elles se ressemblent. La fenêtre et les objets, je passe des peintures aux choses ; ensemble elles créent la pièce dans laquelle je me trouve, dont je sors et dans laquelle je rentre selon la peinture que je regarde et maintenant en écrivant je regarde les fleurs qui sont là à côté de moi sur la table. Elles ont les mêmes dimensions que celles de Braque, le même vert. Je ne suis pas chez moi, chez moi, il y a plutôt de la poussière et du noir, ça ressemble moins aux peintures de Braque – et encore. Ici, oui, et le paysage qui m'entoure. Jamais je n'ai été aussi frappé par l'immense luxe de ce grand paysage merveilleux. Aujourd'hui j'ai essayé de le peindre, j'ai encore le ciel brillant et poli devant les yeux et cette densité. Je pense à ce que disait Braque des paysages grandeur nature devant les peintures de Varengeville, grandeur nature, comme les Corot, ce qui m'avait fait ce plaisir gai. Je savais alors qu'il avait raison, ce soir j'en suis plus certain encore, et je sais aussi que ces fleurs sont grandeur nature.

Mais comment décrire ses tableaux ? Comment dire la sensation que provoque en moi la verticale à peine désaxée du vase et des fleurs qui monte sur le fond gris ? Cette verticale d'un équilibre légèrement instable n'est pas tracée ; elle émane de la complexité des formes et descouleurs qui évoquent l'objet. Cette verticale transformée en ligne tracée sur un fond gris (ce qui, d'ailleurs, est impossible) me laisserait à peu près indifférent. Il faut toute la complexité de l'homme aux bras croisés de Cézanne pour être saisi par un seul trait. Plus une peinture veut donner une représentation de la réalité, et plus je suis touché par les éléments qui, au premier abord, ne semblent pas être les signes mêmes des objets, mais ce sont peut-être justement ces éléments-là qui finissent par recréer la vision de l'objet.

Quand je regarde une feuille du bouquet qui est là, sur la table, devant moi, par quoi suis-je épris ? Est-ce par la forme de la feuille ou par sa couleur verte, ou par ce même vert se détachant sur le fond noir ? Est-ce par sa situation dans l'ensemble du bouquet ou par la distance de la table à la feuille et de la feuille au plafond ? Ou par le dessin de ses rainures, ou par la fleur blanche qui avance devant cette même feuille, ou bien plutôt par autre chose que je ne sais pas dire, que je ne sais pas nommer, par cet inconnu que Braque évoque pour moi dans toutes ses dernières peintures et par quoi surtout elles m'attirent.
Elles m'attirent parce qu'elles sont profondément

ressemblantes, de cette ressemblance merveilleuse qui est commune à tous les peintres que j'aime, ressemblance qui est aussi multiple que ces peintures et qui fait qu'un objet existe infini sur une toile. Cette toile me fait regarder un peu autrement les objets qui, à leur tour, m'éclairent la toile. Ces peintures de n'importe quelle époque sont pour moi contemporaines et toutes sont comme une question ouverte, mais en même temps les fleurs et les feuilles sont là devant moi comme si personne ne les avait encore jamais vues. Mais pourquoi, de toutes les dernières peintures de Braque, est-ce le vase jaune ocre qui m'est resté le plus vivement dans la mémoire ? Peut-être parce qu'en s'accrochant, en donnant un tel poids à une seule partie de la surface du plus simple et, d'une certaine manière, du plus signifiant des objets, il valorise en même temps tout ce qu'il ne peint pas, il donne une valeur à celles qui étaient les plus mornes et nulles des choses et il exalte toutes celles qui les dépassent jusqu'à celui qui les regarde.

Braque cherchant à sauver ces fleurs périssables, Braque comme désarmé devant ces choses qu'il interroge, cherchant à arrêter sur une toile pour un peu plus de temps, pour le plus longtemps possible, une parcelle de toutes ces choses et de lui-même et des autres.
Cherchant à sauver quelque chose de l'immense noir béant qui les entoure, qui les entame de toutes parts, mais non ! Ce ne sont pas les fleurs, c'est nous et les peintures qui sommes le plus fragiles.
Les fleurs, elles, continuent impassiblement à pousser et leur noir n'est pas le nôtre.

Je vais à la fenêtre, je regarde dehors dans la nuit, la montagne noire, le ciel brillant de tant d'étoiles et le bruit de l'eau. Ah oui, les hommes continuent aussi comme les fleurs, jamais tout à fait pareils, mais eux, ils font de la peinture et cela change tout.

*

Mais pourquoi, pourquoi les fleurs nous semblent-elles merveilleuses ?

Stampa. Mai 1952.

Derrière le miroir, n° 48-49, juin-juillet 1952, accompagnant l'exposition *Georges Braque* à la galerie Maeght, Paris, n.p.

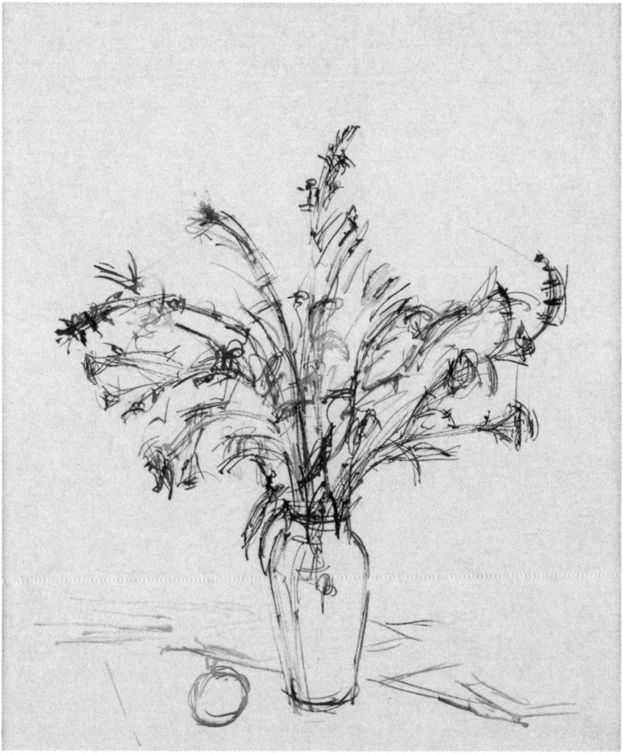

Bouquet et pomme, vers 1961
Huile sur toile
46,5 x 55 cm
Collection Fondation Giacometti

Braque vient de mourir

Georges Braque vient de mourir. Cette nouvelle ne provoque, pour le moment, aucune résonance dans mon esprit. Georges Braque reste à cet instant aussi vivant que dans le passé, plus vivant peut-être que jamais, quelque part dans sa maison, dans son atelier, ici à Paris, ou au bord de la mer, allant, venant, d'un tableau à l'autre, fumant sa cigarette. Je me vois chez lui, l'écoutant, parlant, une tasse de café devant nous sur la petite table comme ce fut le cas de nombreuses fois depuis 1930. Mais au même instant, je pense avec nostalgie à l'époque lointaine de Montmartre que je n'ai pas vécue. Je pense aux jeunes gens qui étaient Braque, Picasso et leurs amis, je les vois dans leur vie de tous les jours et leurs peintures dites « cubistes » sont pour moi avant tout les documents, les reflets mêmes de cette vie de tous les jours ; elles concrétisaient pour eux l'ouverture immense et exaltante dans l'avenir et la fraîcheur immédiate sur toutes choses. Et puis cet avenir fut pour chacun un chemin solitaire et complexe.
Ce soir tout l'œuvre de Georges Braque redevient pour moi actuel ; sorti du temps, il se situe dans l'espace. De tout cette œuvre, je regarde avec le plus d'intérêt, de curiosité et d'émotion les petits paysages, les natures mortes, les modestes bouquets des dernières, des toutes dernières années. Je regarde cette peinture presque timide, impondérable, cette peinture nue, d'une toute autre audace, d'une bien plus grande audace que celle des années lointaines ; peinture qui se situe pour moi à la pointe même de l'art aujourd'hui avec tous ses conflits.

Les Lettres françaises, n° 993, 5-11 septembre 1963, p. 1 et 10

Portrait d'un artiste (VIII)
Giacometti
Entretien avec Alain Jouffroy

On a l'impression qu'il n'y a personne derrière cette porte grise, aux vitres poussiéreuses ; une vieille étoffe empêche de voir à travers la fenêtre de ce petit atelier. On pousse la porte. Entre de hautes sculptures blanches, inachevées ou à demi-détruites, sous une lampe électrique qui éclaire très violemment le mur aux couleurs passées rose et jaune, près d'un petit divan couvert de journaux, de livres et de quelques toiles posées contre le mur, voici Giacometti, silencieux, assis sur un haut tabouret, en train de sculpter une figure en terre glaise. Il sait quel est l'objet de ma visite, et tente aussitôt de le différer.

– Ce n'est pas le moment. Cela n'a jamais été moins le moment qu'aujourd'hui. Vous tombez mal. Peut-être cela ira parfaitement dans huit jours… Je travaille à ces figures depuis des mois. Je vais y travailler pendant tout l'hiver. Mais si j'ai quatre ou cinq sculptures dans six mois ou si je n'ai rien, cela m'est assez égal. Que ça rate ou que ça réussisse, c'est la même chose : je gagne à tous les coups.
Il me voit écrire cette dernière phrase :

– Ah ! non, n'écrivez pas cela.

– Pourquoi ?

– Parce qu'écrit ça a un sens différent. Si on parle, la phrase avant et la phrase après rendent ça ambigu. Que ça aille très bien ou très mal, c'est la même chose. Ou plutôt : cela ne va très bien que parce que cela va très mal.

Il sort un instant. Je retire mon manteau : il fait chaud. J'ai l'impression qu'il me faudra assister à un combat : celui de Giacometti avec lui-même. Je reconnais, sur le divan, un portrait de sa femme Annette et des natures mortes de flacons : ceux-ci semblent posés depuis des centaines d'années sur la table de travail, couverts de poussière. Il revient et continue :

– Non, ce n'est pas que je doute…

Non, je le sais, Giacometti ne « doute » pas. Il sait ce qu'il fait, ou plutôt il connaît exactement les difficultés de son entreprise, il ne se les cache pas. Il les affronte tous les jours : il ne défait pas aujourd'hui ce qu'il a fait la veille, comme il serait trop facile de le dire, il voit les contradictions inhérentes à la nature des choses. Ses contradictions ne sont pas celles qu'il voit, permanentes, dans la réalité même : et c'est elles qu'il veut communiquer.
Il me raconte ses débuts : comment il n'est resté à l'École des Beaux-Arts de Genève que trois jours parce que le professeur voulait l'obliger à mettre des « volumes » dans la tête d'après nature qu'il lui avait fait faire ; et que sa sculpture, mince comme une feuille, n'épaississait que grain par grain ; comment il se disputa avec son professeur, avec l'École des Arts et Métiers de la même ville, parce que ce dernier voulait lui faire mettre un « fond noir » derrière son nu, alors que Giacometti ne voyait « pas plus d'ombre sur le fond que sur le visage du modèle ». Il me parle de son père, Giovanni Giacometti, peintre impressionniste suisse qui, en 1921, lui fit visiter Venise, où le jeune Alberto ne voulut pas rater une seule peinture de Tintoret ; Florence, où il vit pour la première fois une sculpture

égyptienne, qui lui « donna l'impression de la réalité même et le fit retomber sur ses pieds » ; Assise, où il découvrit Cimabuë, qui éclipsa totalement à ses yeux les peintres de la Renaissance ; et enfin Rome, où il resta huit mois et travailla dans un cours du soir ; c'est à Rome qu'il entreprit de faire deux bustes, qu'il n'acheva jamais et détruisit finalement au moment de son départ.

– Ces deux bustes que j'ai ratés à Rome, il y a trente-cinq ans, c'est rigoureusement ceux que j'essaye de faire aujourd'hui.

L'année suivante, en 1922, son père l'envoya à Paris, où Bourdelle enseignait à la Grande Chaumière. Il y travailla quatre ans.

– Dès le début, c'est curieux, l'idée d'une sculpture pas peinte me semblait absurde. Je faisais venir le modèle chez moi, et je peignais le plâtre d'après nature. J'ai voulu le montrer à Bourdelle : mais quand je l'ai apporté à l'atelier, il y a eu un tel hurlement de dégoût parmi les autres élèves que j'y ai renoncé.

– Mais vous avez commencé par faire des sculptures abstraites à ce moment ?

– J'en ai exposé une au Salon des Tuileries en 1925. Bourdelle m'a dit : « On peut bien faire ça chez soi mais on ne le montre pas. »

– Ensuite, vous avez participé au surréalisme…

– Oui, et c'est la statue que Breton préférait, L'Objet invisible, qui a tout bouleversé à nouveau dans ma vie. J'étais satisfait des mains et de la tête de cette sculpture parce qu'elles correspondaient exactement à mon idée. Mais les jambes, le torse et les seins, je n'en étais pas content du tout. Ils me paraissaient trop académiques, conventionnels. Et cela m'a donné envie de travailler à nouveau d'après nature.

Nous entrons alors au coeur du problème que Giacometti veut résoudre depuis lors :

– On ne voit la réalité qu'à travers des écrans. Les gens ne voient le monde qu'à travers les œuvres de la peinture académique, ou de la peinture impressionniste. De même, pour la sculpture, tout le monde croit savoir ce qu'est une tête, mais tout le monde voit un buste gréco-romain à la place de la tête. Aujourd'hui, n'importe quel type de la campagne voit les ombres violettes ; les affiches de la gare lui ont fait admettre cela sans qu'il s'en rende compte. Maintenant, pour moi, la réalité ne ressemble plus du tout à la peinture impressionniste. Je croyais que c'étaient Cézanne et les impressionnistes qui s'approchaient le plus de la réalité (quand j'avais 16 ans, je faisais des peintures divisionnistes). Maintenant, entre ce que je vois dans la rue et la peinture impressionniste, il y a un gouffre.

– Que s'est-il passé quand vous vous êtes remis à travailler d'après nature ?

– À ma grande surprise, je me suis aperçu que ce que je faisais n'avait rien à voir avec le modèle que je voyais. Pour faciliter le travail, j'éloignais le modèle, et le buste se réduisait de plus en plus. Je me suis rendu compte que je ne voyais pas la réalité. Mais d'essayer de la voir comme elle est me semblait plus passionnant que toutes les compositions que je pouvais faire. Qu'est-ce qu'une tête, personne au monde ne peut me l'expliquer. Je vous vois, je vous entends en même temps, c'est très complexe. C'est plus complexe qu'on ne peut le dire. Votre tête, c'est autre chose que ce que je crois voir et que j'imagine. Si j'essayais de la peindre pendant mille ans, tous les jours je la verrais légèrement autre, je n'en finirais plus.

– Vous tentez ainsi d'avoir une vision plus « originelle » des choses que celle qu'en ont donnée les peintres académiques, les impressionnistes…

– Ce qu'il y a de curieux, c'est que l'on croit que la photographie donne une image plus fidèle du monde que la peinture. Même un peintre abstrait vous fait voir la photographie de ses enfants. Pour moi, la photographie d'une rue est un peu plus éloignée de la rue que ne le serait une peinture byzantine de la rue. Je m'en suis aperçu en 1946, en allant voir un film aux Actualités Montparnasse. Tout à coup (cela venait des dessins que je faisais à l'époque), je n'ai plus vu que des taches noires qui bougeaient sur une surface blanche. J'étais si frappé que je ne voyais plus l'image que ces taches représentaient. Quand je suis sorti du cinéma, j'ai été saisi : comme si je voyais le boulevard

Montparnasse pour la première fois. Il n'avait plus aucun rapport avec l'image de l'écran.
Il me montre alors le portrait d'Annette, encore loin d'être achevé.

– Cela me semble totalement impossible de peindre une tête à cette dimension. Il me semble que je n'en ai pas les moyens. Tant pis.

Et Giacometti me dit qu'il travaillera à cette toile pendant tout l'hiver.

« Portrait d'un artiste (VIII) Giacometti » in
Arts, n° 545, 7-13 décembre 1955

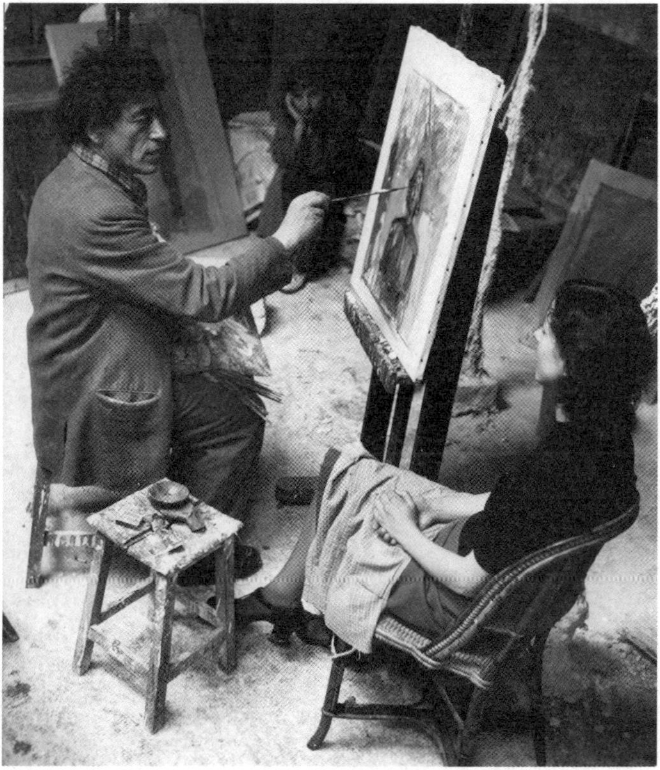

Alberto Giacometti peignant le portrait d'Annette
dans l'atelier, 1951
Photo Ernst Scheidegger

Le monologue du peintre

Entretien avec Georges Charbonnier

Alberto Giacometti, lorsque j'ai commencé cette série d'émissions intitulée « Le Monologue du Peintre », je n'avais pas une idée préconçue très nette. Dans la série, il y a des peintres abstraits, il y a des peintres figuratifs, il y a des peintres dits « réalistes », enfin des peintres de différentes tendances. Au départ, je ne songeais pas à m'engager à priori dans une direction très ferme et, surtout, je ne voulais pas faire une querelle de l'abstraction ou de la non-abstraction, de la figuration ou de la non-figuration. Ce sont là des mots que les peintres n'aiment pas et je ne crois pas qu'ils recouvrent des choses très solides. Néanmoins, c'est l'idée de réalité autour de laquelle s'est organisée toute la série d'émissions. Alors vous-même, par exemple, vous considérez-vous comme un peintre réaliste ?

– Si l'on dit « peintre réaliste », sûrement immédiatement, on s'imagine un certain genre de réalisme, non ?

– *Bien sûr...*

– Et d'habitude, on s'imagine comme réaliste ce qui, justement, l'est très peu, c'est-à-dire un réalisme conventionnel, qui n'est que l'académisme.

– *C'est-à-dire des choses que l'on reconnaît facilement.*

– On pense à un tableau qui représente la réalité extérieure de la manière, au fond, la plus banale, n'est-ce pas ?

– *Absolument !*

– La plupart des gens à qui vous demandez ce qu'est la représentation réaliste d'une femme, vous répondront plutôt Bouguereau que Cézanne. C'est très sûr.

– C'est très sûr.

– D'ailleurs, j'ai des amis qui prétendaient aimer disons Picasso, parce qu'il ne ressemble pas. Et ils disaient tout de même voir la réalité comme Bouguereau. Et ils voulaient absolument me faire dire que c'est la même chose pour moi. Si c'était vrai, je préférerais Bouguereau à Picasso ou à Cézanne, disons puisque ce qui m'intéresse après tout dans toutes les peintures, c'est la ressemblance, ce qui, pour moi, est la ressemblance : ce qui me fait découvrir un peu le monde extérieur que je vois...

– Ce que vous appelez « ressemblance » n'est pas ce que les spectateurs dont vous parlez appellent « ressemblance ».

– Non, pas du tout. A la base oui ; à la base, c'est probablement la même chose...

– Il y a le même support, mais il n'y a pas la même façon de voir.

– Il y a le même support. Mais la différence probablement est très complexe. Quelqu'un qui ne connaît pas du tout la peinture, ou qui connaît une certaine peinture, disons qui s'arrête à la peinture de 1900, il connaît des photographies, il voit une reproduction d'une femme de Bouguereau, c'est immédiatement une femme... Il la reconnaîtra comme telle. Bien plus, si elle est jolie, intervient la ressemblance et le désir de trouver dans la peinture presque l'idéal de la réalité. Probablement... chez beaucoup de gens.

– *Il est sûr que le réalisme, pour le spectateur courant, est teinté d'idéalisme.*

– On n'a qu'à voir au Louvre, le dimanche, en hiver, quand il y a foule. Où y a-t-il le plus de monde ? Devant le Sacre de Napoléon. Pourquoi les gens regardent-ils justement ce tableau-là ? D'abord parce qu'ils s'imaginent assister à la scène ; y participer. Et ils deviennent un petit peu des petits « Napoléon » en même temps. Ça devient un peu l'équivalent de la lecture d'un roman, où ils s'assimilent un peu à l'héroïne ou au héros, non ?...
... Mais ils regardent plutôt le Sacre qu'un tableau de Chardin.

– *Ce spectateur qui réclame le réalisme, c'est celui qui veut les matchs de boxe et celui qui admire le* Sacre de Napoléon.

– Oui, mais c'est aussi le même, qui va passer ses des vacances en Bretagne, qui aime bien la mer, le soleil et les promenades, et qui achète, boulevard Raspail, un tableau de Bretagne. Il achète évidemment le tableau qui prolonge ou

fixe les sensations qu'il aime le mieux dans la vie. Il ne regarde pas comme un professionnel ou comme des gens qui s'occupent spécialement d'art, et qui trouvent le tableau mauvais… Ceux-là, s'ils trouvent le tableau mauvais, ils le méprisent parce qu'il y a une évolution qui s'est faite depuis l'impressionnisme surtout où on a commencé à s'occuper du tableau pour le tableau lui-même, où s'est créé le tableau qui peut de moins en moins se réclamer de la réalité extérieure….
Pour n'importe qui qui prétend être connaisseur qui s'occupe vraiment d'art, il sentirait au-dessous de lui de regarder un paysage de Bretagne, boulevard Raspail, ou une femme nue avec des cerises dans les cheveux sur les murs du restaurant. Il y a des tableaux, enfin, à la Palette, je pense exactement à certains tableaux, dans des restaurants, des tableaux tels que, moi, j'en regarde à longueur de dîner… et je les regarde avec la même curiosité que n'importe quel chef-d'œuvre. Mais là il y a une scission qui s'est faite dans le public, entre le public qui continue à ne considérer dans le tableau que le sujet, c'est-à-dire jusqu'à oublier [le peintre] – ils ne se donnent même pas la peine de regarder qui l'a fait, c'est le sujet qui prime – et le public qui cherche dans le tableau l'expression du peintre lui-même, non ?

C'est ce public-là qui ne va plus regarder le *Sacre* ou alors ceux qui le regardent le regardent tout à fait autrement. Ils le regardent parce que c'est David. Ils le regardent parce que c'est contre... C'est une nouvelle conception de la peinture, de la vision.

– Ils le regardent pour l'organisation de la toile.

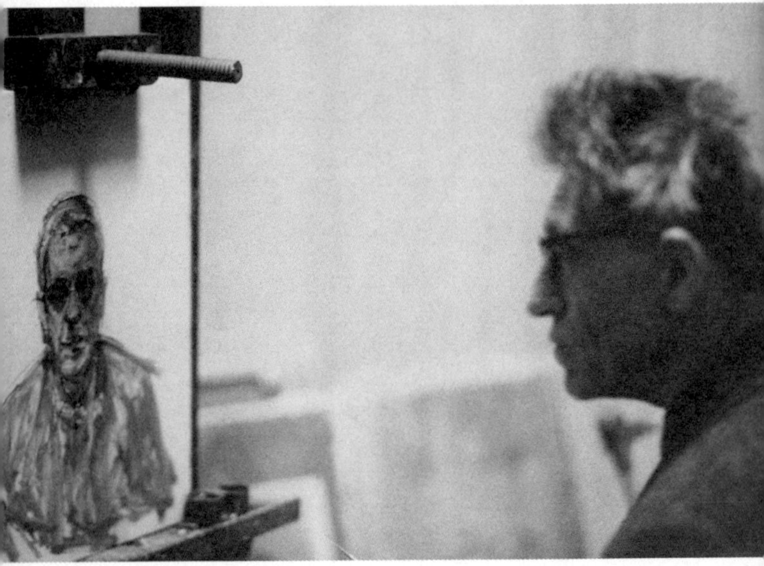

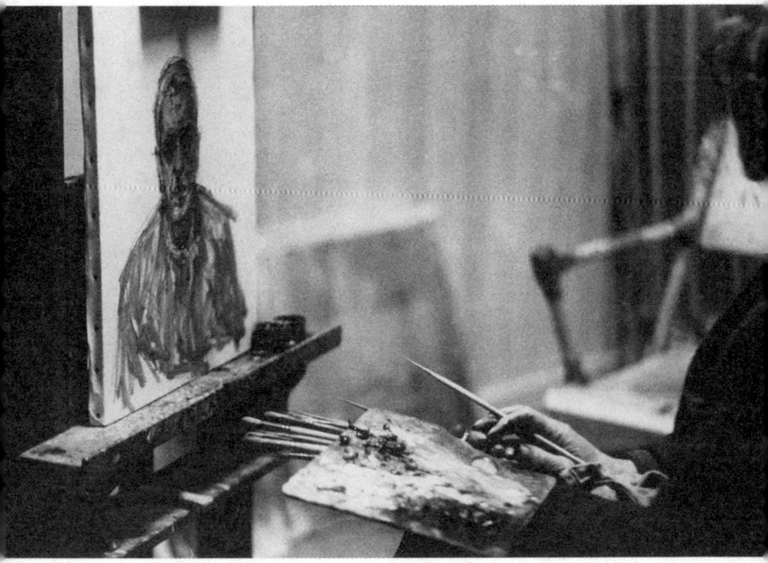

Alberto Giacometti dans son atelier à Stampa,
peignant le portrait de Giorgio Soavi
novembre 1963
Photo Giorgio Soavi

Moi, je suis à contre-courant
Entretien avec
Marie-Thérèse Maugis

Après Michel Butor et Jean-Marie Le Clézio, Christian Zervos, Serge Poliakoff et Pierre Soulages, voici Alberto Giacometti au moment même où la salle qui lui est consacrée à la Fondation Maeght donne peut-être enfin au public la véritable mesure de l'artiste.

– Giacometti, pensez-vous que ce qui représente sûrement une époque est son art ?

– Bien sûr. Que reste-t-il de la Préhistoire sinon des œuvres d'art ? Que reste-t-il de l'Égypte sinon des œuvres d'art ? Dès que les peuples possèdent une écriture, il reste aussi une écriture… Si on parle de la Grèce, il y a la philosophie, la poésie et l'art… L'art est toujours l'expression de son époque.

– Mais la connaissance que l'on a actuellement de l'art n'est-elle pas particulièrement développée ?

– Bien sûr aussi. À travers les photos et les voyages, on connaît tout l'art depuis toujours. Les impressionnistes, Cézanne, avaient une connaissance de l'art qui commençait avec la Renaissance. Pour eux, le reste, c'était l'archéologie. Pour les Vénitiens, pour les Flamands, l'art byzantin était à peine de l'art. Aujourd'hui, on possède une vision différente : on connaît l'art nègre, l'art océanien, l'art préhistorique, etc. On sait qu'il subsiste des œuvres d'art de toute civilisation. On sait faire la différence entre une sculpture grecque et un chariot grec… Si une sculpture de n'importe quelle civilisation disparaît momentanément, elle peut resurgir et influencer l'art actuel. C'est ce qui s'est passé pour l'art archaïque il y a vingt ans. Ce n'est pas le même processus pour les objets : la voiture moderne abolit le char traîné par un cheval. Or une œuvre d'art, elle, n'est jamais dépassée. Dans ce domaine, on ne peut pas parler de progrès… Dire quel art aujourd'hui est l'expression de notre époque est bien difficile… Il y a des peintres qui reproduisent le Moulin-Rouge ou la place Saint-Marc, d'autres qui font des paysages de Bretagne ou des bouquets de roses. Il y a des abstraits, des constructivistes, des tachistes, des sous-impressionnistes, des post-impressionnistes, tout cela à l'air contraire, à vrai dire tous sont l'expression de notre époque…

– *Pensez-vous que la multiplication des expressions dites artistiques entraîne un intérêt plus grand pour ces activités?*

– Actuellement, ça va très mal. Les arts aujourd'hui deviennent de plus en plus informels. Il y a le pop art en outre. Il y a aussi tous ceux qui exposent à La Palette, ceux qu'on appelle peinards et qui de nouveau plaisent à une certaine bourgeoisie rétrograde. Il y a l'art officiel aussi, qui est l'art d'avant-garde. Mais depuis les cubistes, une très petite partie de la civilisation s'intéresse à l'art. Le reste s'intéresse aux cartes postales. Pour l'énorme majorité des gens, l'art est bel et bien la télévision, le cinéma, une poupée, les affiches, les objets publicitaires, tout ce qui justement n'est pas considéré comme de l'art… J'ai fait partie du jury de la Biennale des Jeunes et je ne sais pas si vous vous souvenez qu'il y avait un Italien qui avait fait un tableau tout rouge. Bon. Deux ouvriers qui découpaient des planches là étaient stupéfaits. C'était une rigolade pour eux de voir des gens sérieux considérer ce tableau rouge et le juger. Lorsque Schöeffer fait des objets lumineux qui tournent, c'est bien dépassé, un juke-box en donne autant et davantage, c'est lumineux, c'est amusant, ça bouge. C'est, je crois, ce qui explique l'intérêt pour le pop art. Le pop art est plus intéressant pour le public que des taches sur une toile. Il met en valeur les affiches, les photos. Mais vous croyez que Rauschenberg peut continuer à coller des Kennedy sur une toile ? Vous avez remarqué que le pop art rejoint tout d'un coup le réalisme socialiste soviétique. À part le sujet, il n'y a qu'un pas d'écart. Vous allez voir les Russes évoluer aussi… Il y a deux ans, le mouvement s'est déjà amorcé avec la poésie. Vous allez les voir faire des photomontages d'ici peu…

– *Croyez-vous que ce bouillonnement d'activité artistique ou para-artistique soit une spécialité de notre temps ?*

– L'art a toujours avancé à grande vitesse. Dans la sculpture égyptienne, qui semble immobile pendant trois ou quatre millénaires, il est possible de distinguer des époques et, malgré la rigidité apparente des formes, on note un renouvellement extraordinaire de 50 en 50 ans. À l'inverse, on fait aujourd'hui comme s'il y a avait un gouffre énorme entre les tableaux dévalorisés de La Palette, et les cubistes et l'art moderne. Ils sont tous beaucoup plus proches qu'on ne le croit… Par exemple, la vision des couleurs reste impressionniste là. Les peintres n'ont pas fait un pas au delà. Ils accordent tous une suprématie énorme à la couleur et donc mettent en couleurs… Quant à moi, je regarde rigoureusement avec le même intérêt le tableau le plus pompier accroché dans un restaurant qu'une toile de ceux qu'on appelle les grands peintres d'aujourd'hui !

– Vous pensez qu'ils appartiennent au même domaine de l'art ?

– Bien sûr qu'on doit limiter les domaines… Un vase, aussi beau qu'il soit, n'est pas une sculpture, c'est un objet. C'est un autre domaine. Ce vase ne se réfère qu'à lui-même. Mais quand on amène une peinture à ne présenter qu'elle même, tôt ou tard elle disparaît. Lorsque Duchamp exposait une chaise, pour lui, l'art était fini… Et tous ceux qui font de la céramique comme s'ils avaient réussi leur peinture, ils ne continuent pas leur travail, ils passent tout simplement d'un domaine à l'autre. C'est pour ça qu'une soi-disant peinture de Rauschenberg est plus proche de ce qu'est une peinture que ce que peut faire un informel. Il a ceci de malin, en collant un Vélasquez ou un Titien, de se référer à autre chose qu'à lui-même. Un carrelage rouge, même bien peint, n'est jamais qu'un carrelage rouge. L'écriture même n'a de sens que pour vous car elle dit autre chose que les signes. En ce sens, le lettrisme ne peut qu'avoir la vie courte. On peut écouter deux poèmes lettristes, trois c'est déjà trop…

– Oui, mais les progrès des techniques, et la connaissance plus grande que l'on a des choses, que vous remarquiez tout à l'heure, entraînent forcément une évolution de la peinture, comme de l'écriture ?

– Bien sûr. Ce n'est pas par hasard qu'avec la photo on a cessé de faire des portraits. Avant cela, on ne pouvait représenter quelqu'un qu'à travers la peinture. Et si on peut mécaniquement donner une vision du monde extérieur, on se passe de la main. C'est si évident que si un peintre, voyant un homme courir, se mettait à le peindre, il ferait rétrograde… comme aurait semblé rétrograde celui, qui après la découverte de l'imprimerie, aurait continué d'écrire des livres à la main… Mais ce qui est important, c'est que les impressionnistes et ensuite jusqu'aux cubistes compris, les peintres continuaient à représenter quelque chose…

– Les abstraits, les informels, ne représentant rien, n'expriment-ils donc rien ?

– Un peintre ne peut pas ne pas représenter quelque chose. C'est absolument inévitable. C'est une nécessité. Il est évident aussi que l'art moderne, à travers les affiches ou les architectures des bars, des cafés, entre dans le domaine public. Il n'y a pas de doute, comme il n'est pas douteux non plus que tout l'art influence bel et bien la physionomie d'une époque. Qu'il soit bon ou médiocre…

– Mais vous Giacometti, qui peignez et sculptez des visages, des êtres vivants dont l'image vous poursuit,

avez-vous le sentiment de représenter notre époque ?
– Pour moi, le problème est différent. J'ai commencé très jeune à faire des dessins et des sculptures parce que mon père était peintre. Je ne saurai jamais si je serais devenu ce que je suis, si j'aurais fait ce que je fais, si mon père n'avait été peintre. On en revient au problème du milieu, de la classe. Mais je n'ai jamais voulu faire de la peinture une profession.
Jusque dans ma jeunesse, l'art c'était forcément la représentation du monde extérieur ou de quelque chose en tout cas. Il y a deux filons dans l'art. Soit tâcher de rendre le monde extérieur tel qu'on le voit, soit raconter des histoires… Et cela depuis toujours. Et ces deux filons sont tout aussi valables l'un que l'autre. Chez Rembrandt, un portrait qui est une image la plus fidèle, la plus ressemblante, est tout aussi valable que les illustrations pour l'Ancien Testament. Rousseau, qui faisait des forêts tropicales avec des singes, est aussi valable que Matisse qui faisait le portrait de sa fille. Ces deux courants sont toujours valables. Ceux qui poussent leurs recherches uniquement d'un côté sont rares. Chardin, lui, à travers ses natures mortes, ne poursuit que la représentation la plus proche possible de la réalité. Delacroix ou Géricault sont déjà doubles. L'un peut peindre *Le Radeau de la Méduse* ou faire le portrait d'une folle. Ces deux directions se continuent jusqu'à Picasso qui peut exécuter le portrait d'une personne précise ou représenter des scènes qui s'approchent de la mythologie. Je le répète, une direction vaut l'autre. Les impressionnistes, dans l'ensemble, restent uniquement orientés sur la vision du monde extérieur.

– *Mais vous-même, dans quel courant vous situez-vous ?*

– Jusqu'en 1925, malgré mon intérêt pour l'art moderne, ce qui m'intéressait c'était la vision du monde extérieur, strictement, au plus proche possible. En 1925, je me suis rendu compte qu'il m'était impossible de reproduire une tête. Influencé par l'art moderne, j'ai subi une évolution. J'ai été successivement exotique, surréaliste, abstrait… En 1935, ayant tout oublié, j'ai éprouvé de nouveau le besoin de faire des études d'après nature ; je suis revenu à des travaux d'essai. Le problème pour moi est de savoir pourquoi il m'est impossible de faire ce que je veux faire. J'essaie tous les soirs de faire une tête et je n'y arrive pas. Tous les soirs, je tente de savoir ce que je vois et pourquoi je n'arrive pas à le représenter.
Une fois de plus, dans une certaine société, on ne me laisserait pas ces loisirs-là. Je ne travaille pas pour communiquer quelque chose aux autres, mais pour savoir si je pourrais un jour faire de la sculpture ou de la peinture. Ce que je fais est probablement périmé d'avance. Je ne suis pas sûr qu'il y ait un avenir dans la sculpture de cette façon-là. Mais si je copie un modèle comme je le fais, même si je suis à côté, et étant donné que j'ai la possibilité de le faire, c'est pour la curiosité de savoir ce que je vois à travers une tête. Je suis obligé de faire la sculpture ou la peinture pour savoir ce que je vois. Je ne pense pas être ainsi l'expression de notre époque. Je ne peux même pas le dire…

– *Ces visages que vous copiez sans fin ne sont pas anonymes. Ils ne peuvent que vous donner à travers eux-mêmes une connaissance du monde actuel…*

– Sans doute, mais un visage vaut n'importe quel autre visage.
Ceux que je peins sont choisis au hasard des rencontres. N'importe quel visage est bien. Et moi, immobile devant un visage immobile, cherchant à savoir ce que je vois : cela pourrait se passer à n'importe quelle époque, non ! Entre votre tête devant ce mur et celle de la Préhistoire, il n'y a probablement aucune différence. La relation entre ce qui caractérise une époque et un autre est plutôt précaire. Moi, je suis tout à fait à contre-courant. Je suis un des seuls qui ne s'essaye qu'à copier. Et ce que je copie est ce petit résidu qui me reste conscient à travers la vue. Copier est la chose la plus bébête du monde, copier un verre par exemple, il n'y a rien de plus difficile. D'ailleurs c'est impossible, Cézanne a dit à peu près, copier la nature c'est impossible, on ne peut que l'interpréter. Cela ne l'a pas empêché de copier jusqu'à sa mort… Comme je sais que je n'arriverai jamais à copier la tête comme je la vois, ça a l'air d'une aberration d'insister, ça l'est probablement d'ailleurs. C'est même une absurdité totale, ce que j'essaye de faire. Ainsi, il m'est impossible d'imaginer ce que serait un tableau fini et c'est en quoi je suis à contre-courant des autres peintres de l'art moderne qui finissent toujours tous leurs tableaux, et même dans une journée. Je sais que je peux travailler toute ma vie un tableau sans le terminer jamais. Et en admettant que je vive 300 ou 400 ans, je n'arriverai jamais à l'achever…

– Vous dites que vous êtes à contre-courant de l'art moderne, mais il est indéniable tout de même que certaines conditions objectives influencent votre travail ?

– Je suis évidemment conditionné par mon passé, mon époque C'est un lieu commun de le remarquer. Un pompier ou un moderne à l'extrême sont conditionnés par leur époque. De plus, tout ce que l'on fait, on le fait par nécessité, et tel point rouge sur une toile vierge ne peut être mis que tel jour, à tel endroit, en telles circonstances. C'est tout bête. Tout ce qui se fait, tout ce qui se crée a un intérêt. C'est pourquoi j'aimerais, lorsqu'on attaque Rauschenberg, que l'on dise pourquoi il est indigne de l'espèce humaine ! Qu'on dise pourquoi ce qu'il fait est de la cochonnerie, sans pour cela défendre les valeurs stables qui ont une valeur à la banque. Ça m'intéresse, le pop art. Et les informels, l'extrême pointe de l'art moderne, ça doit les troubler, non ? Celui qui met trois couleurs quand l'autre expose de la margarine en gros, c'est comique, non ?

– Je crois tout de même que la querelle que l'on fait actuellement au pop art est assez superficielle, du domaine de la mode plutôt.

– Oui, mais ça va loin. Le pop art n'étant pas l'art, c'est ça qui est comique ! Ce n'est pas lui qui m'empêchera de m'approcher de l'oreille de mon modèle. Ce que l'on peut dire en tout cas de Rauschenberg, c'est qu'il est malin, quand il colle un Kennedy, un faucon, réminiscence de l'Égypte, une Vénus de Titien ou de Rubens. Tout ce qu'on peut dire, c'est que ça ressemble au jeu de cartes, quoi qu'il mette dedans, ça porte. Les moyens sont les mêmes que ceux de Dada mais le but n'est pas le même. Je ne vois pas pourquoi il n'utiliserait pas des moyens dont on s'est servi il y a trente ans ! À part ça, je tiens à dire, et je suis à peu près le seul, et j'ai étonné même des critiques des Lettres françaises, que le pavillon que j'ai préféré en 1962 à la Biennale de Venise était celui de l'URSS. Au moins, ça tâchait tant bien que mal à représenter quelque chose… Aujourd'hui où chacun veut représenter son individualité, je n'accorde aucune importance à la mienne. On n'a jamais vu cependant tant de peintures plus semblables dans le monde entier, et de si bon goût… Au moins, les tableaux russes n'étaient pas réussis… Je me souviens particulièrement d'un qui figurait deux camions sur un pont : il y a avait un certain commencement de vision.

Avez-vous déjà vu des tableaux parfaits ? Moi, je n'en ai jamais vu. C'est une des caractéristiques de l'art, d'ailleurs. Une hélice d'avion, pour fonctionner, doit être parfaite, un verre à vin, pour être utilisable, ne doit pas être ébréché. Par contre, une œuvre d'art n'est toujours qu'une vision partielle du monde extérieur, toujours précaire aussi. En peinture, en sculpture comme en poésie, il ne peut y avoir de perfection. C'est cela qui fait leur intérêt, leur virulence ou leur violence. Je vous l'ai dit, mais les mauvais tableaux d'un peintre m'intéressent autant que les bons. Il n'y a pas pour moi de différence. De toute manière, on exagère l'importance que l'on donne à l'Art avec un grand « A ». La majorité des vivants s'en passent royalement.

– Vous croyez qu'il en a toujours été ainsi ?

– Peut-être moins au Moyen Âge, quand l'art était au service de l'organisation de l'État, pour la majorité des gens d'une petite ville, leur cathédrale comptait sûrement. Parce qu'ils n'avaient rien d'autre à se mettre sous la dent. Étant donné les croyances, si quelqu'un disait que Dieu ne l'intéressait pas, il était brûlé vif. Donc l'art était à cette époque une nécessité.

– Vous croyez qu'il y a aujourd'hui trop de dérivatifs possibles, trop de centre d'intérêts ?

– Mais oui, l'art n'est plus une nécessité. Les peintures vont directement de l'atelier au musée. C'est bien précaire comme parcours, non ? Et le petit cheval blanc publicitaire du whisky White Horse est plus une nécessité que les œuvres d'art des grands artistes. Moi-même, je ne me considère pas plus utile à la société que le petit bricoleur passionné dans son coin. Je ne donne pas une telle importance à ma peinture. Tout m'intéresse mais on ne fait bien les choses qu'en se limitant à l'extrême. Que ce que je fais serve ou non, c'est le dernier de mes soucis. C'est là aussi que j'ai une position opposée à celle des peintres actuels qui estiment avoir un rôle dans la société, je suis aussi contre le chômage aux artistes : on ne fait l'art qu'à ses risques et périls et je sais aussi que la société se passe largement de ce que je fais.

Les Lettres françaises, n° 1041, 6-19 août 1964, p. 1 et 14.

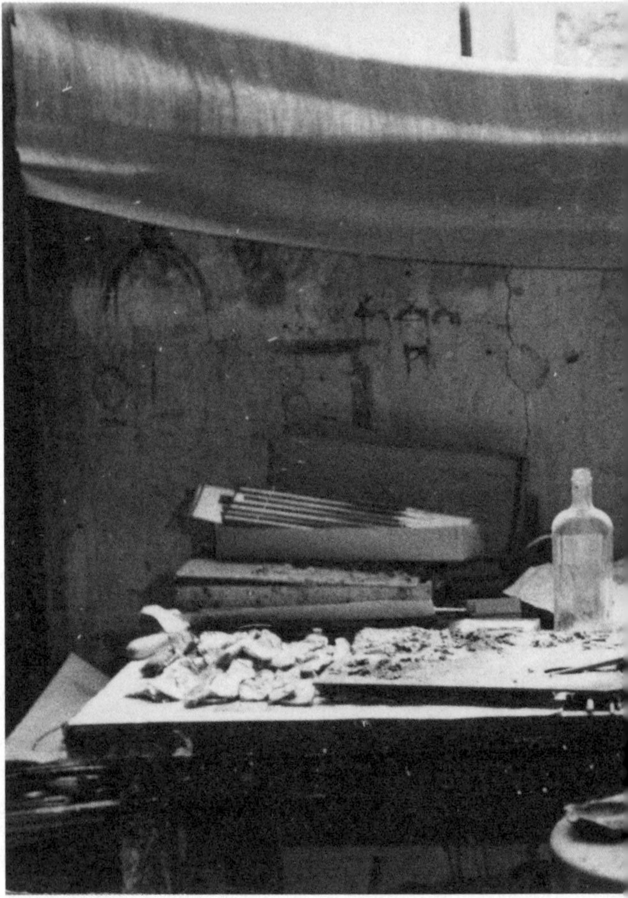

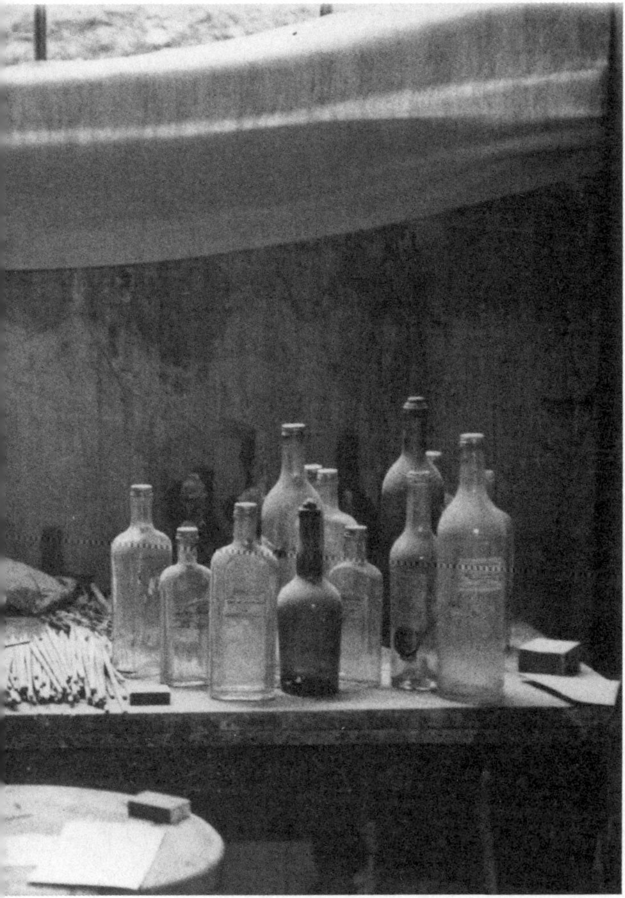

Table sous la fenêtre dans l'atelier de Giacometti
vers 1957-1958
Collection Fondation Giacometti

peintures
têtes
demi-figures
figures
nues habillés
natures mortes - intérieurs
paysages
(compositions)
tout cela.

dessins
tout et des nus.

canif.
Au plus vite reprendre tout cela, le plus vite possible la peinture aussi, acheter des toiles.

extrait de carnet collection Fondation Giacometti
inv. 2006-0145

Couverture : photo Roger Montandon
Collection Fondation Giacometti

ISBN : 978 2 7056 9315 2

Impression & brochage SEPEC - France
Numéro d'impression : 02223160902 - Dépôt légal : octobre 2016

IMPRIM'VERT®